AF498019

NOUVEAU SYSTÈME

D'ARMES DE GUERRE ET DE CHASSE

A PERCUSSION.

FUSIL DIT LE SIMPLE

PAR TROIS ACTIONS,

ARMEMENT, CHARGEMENT ET TIR,

ET

CARTOUCHES HÉLICES;

PAR CHARLES MAHIET,

Breveté par Ordonnance du Roi.

Paris.

AMÉDÉE GRATIOT ET C_{ie},

Imprimeurs du Collége Royal de France,

RUE DE LA MONNAIE, 11.

1840.

RÉFLEXIONS

SUR LES ARMES PORTATIVES A SILEX.

Les armes à feu par le silex sont de ces inventions, de ces instruments dont on s'est servi, faute de mieux, avec les inconvénients qui leur sont inhérents et quoiqu'ils présentassent des résultats contraires au but et à l'objet de leur institution.

Les armes de guerre ont donc éprouvé les effets de la loi commune, avec d'autant plus de raison qu'en dehors du cercle des besoins sociaux, elles n'ont point été appelées à ressentir les bienfaits des progrès et des perfectionnements introduits dans les arts et l'industrie sous l'influence d'une concurrence génératrice. Aussi voit-on le fusil de guerre tel qu'il était en 1777, et resté stationnaire, on ne sait trop pourquoi, pendant soixante ans, chose qui en lui était jamais arrivée depuis sa création, mais

que depuis vingt ans des améliorations considéra-
bles ont été pratiquées aux armes à feu de chasse
et d'agrément.

Cependant on commence à comprendre la situa-
tion arriérée des armes de guerre, on cherche à
sortir de l'ornière de l'habitude ; parce qu'on juge
enfin quelle est l'infériorité qu'elles présentent à
l'égard de l'arme à percussion.

En effet l'arme à feu par le silex demande une
complication de pièces à la platine pour la batterie
du silex, un chien également compliqué, et la nécessité d'une pierre en exercice, et d'un magasin
pour celles de rechange.

Cet ensemble, gênant pour le soldat, exige en
outre un entretien continuel des pièces extérieures
et un soin particulier pour les essuyer ; il nécessite
le déchirement de la cartouche et l'amorcement
qui occasionnent une perte de poudre souvent telle
qu'il n'y en a plus assez dans le canon pour proje-
ter la balle au but. En sorte que la moindre omis-
sion de soin, un vent fort, un temps humide ou
pluvieux, l'usure, la rupture, ou la mauvaise qualité de la pierre, sont autant de causes de rats, de
longs feux et de non-départs de l'arme, que de son
insuffisance à produire l'effet qu'on en espérait.
A cette inefficacité si l'on joint la longueur des
temps et mouvements de la charge, le temps passé
à l'apprentissage de la théorie et de la pratique, on
ne pourra qu'être peiné de remarquer sur le champ

de bataille combien le service de l'arme qui a demandé tant d'instruction au soldat pour en tirer un parti utile et certain, a peu répondu à l'attente, en effets et en résultats.

Comment donc comprendre alors une bonne organisation de gens armés qui ont des armes exigeant des soins multipliés, sujettes aux moindres chances de l'atmosphère et à tant de petits accidents qui sont inhérents à leur nature? On dira, à la vérité, que tout est relatif, et que ce qui se passe dans un camp est égal à ce qui se passe dans l'autre à cet égard; mais aujourd'hui on ne peut plus arguer du fait de parité dans les camps opposés, car il suffit qu'une puissance ait répudié les armes à silex et en ait fait confectionner à percussion, pour faire craindre à toutes les autres que sur un champ de bataille quelconque, et sans s'y attendre, elles n'aient à combattre tout à coup contre des armes infiniment supérieures aux leurs. Il devient donc de la plus haute importance que tous les gouvernements, qui marchent si lentement dans cette voie de progrès, ouvrent enfin les yeux et comprennent que le temps est arrivé où ce serait d'une grande impéritie d'exposer inutilement et la vie de leurs soldats et l'existence de leurs États.

FUSIL DIT LE SIMPLE.

ARMES A FEU PORTATIVES

A PERCUSSION,

PAR CHARLES MAHIET.

Une question d'un haut intérêt est agitée depuis quelques années chez tous les peuples ayant quelque régularité gouvernementale. Substituera-t-on au système d'incinération par le silex le principe à percussion pour les armes à feu?

Cette question est ou près d'être partout résolue affirmativement. Déjà même plusieurs puissances ont devancé les autres dans cette voie de progrès, et s'il en reste beaucoup qui ne se soient pas décidées encore à l'adoption du principe et de ses conséquences, cela ne tient évidemment qu'à l'absence d'un procédé qui leur offre la réunion des effets militants en faveur d'une prompte substitution.

Parmi les inventions de toute espèce qui ont été soumises chez les principaux gouvernements à l'examen de MM. les officiers d'artillerie, aucun des systèmes présentés comme la solution du problème dont les auteurs étaient obligés d'établir eux-mêmes les bases, puisque aucun gouvernement, aucun comité d'artillerie n'a voulu ou n'a cru utile de les fixer, n'a obtenu, à ce qu'il paraît, l'assentiment général.

Cette latitude laissée par les hommes de spécialité au génie des inventeurs, nous force à notre tour, non pas à donner la solution à toutes les questions que nous aurions formulées nous-mêmes, suivant les difficultés que nous aurions vaincues; mais bien à formuler le plus succinctement possible tous les avantages que renferme notre nouveau système d'arme à feu, fonctionnant en trois temps, charge, armement et tir; laissant à la science de MM. les officiers d'artillerie à juger si nous avons rempli les conditions nécessaires pour entraîner l'indécision de leurs gouvernements.

Voici en quoi consiste l'invention MAHIET :

POUR LE FUSIL DIT LE SIMPLE :

1° Facilité d'adapter promptement, et pour la modique somme de 3 à 4 francs, le nouveau système à toutes les armes existantes et qui seraient même brûlées à la base du canon.

2° Aucune augmentation par adjonction de nouvelles pièces ou mécanisme.

3° Suppression du bassinet, couvre-feu et de son ressort, et conservation du restant de la platine.

4° Changement de forme seulement du chien et de la culasse du canon.

5° Tir plus prompt que par toute autre arme, par la suppression d'une quantité des temps de la charge les plus longs.

6° Economie de poudre dans la charge, par la suppression de l'amorce et de la perte de la poudre en amorçant et chargeant.

7° Grande régularité dans la portée des balles, toutes les charges étant égales forcément.

8° Facilité de charger l'arme en marchant, en courant, et même pendant la nuit.

9° Certitude que l'arme partira et portera à sa distance toujours, sans long feu ni raté, quoique par un fort vent, un froid rigoureux, une pluie battante, ou après la chute de l'arme dans l'eau.

10° Suppression de tous les inconvénients de l'inflammation de l'amorce, tels que crachement de capsules, fumée, etc., etc.

11° Impossibilité du départ de l'arme sans la volonté de l'homme, le chien étant toujours abattu dans les manœuvres, aux faisceaux, etc., jusqu'au moment d'armer pour faire feu.

12° Grande facilité d'entretien par la suppression des pièces extérieures et diminution des réparations par la simplicité et la solidité de toutes les pièces.

13° Inutilité du nettoyage de la platine qui est toute à l'intérieur, et du lavage du canon, même après plusieurs jours de combat.

14° Tous les coups partant, nulle crainte de la mise de plusieurs cartouches à la fois dans le canon. Mais cela arrivât-il, il n'en résulterait aucun accident.

15° Amorcement et chargement de l'arme en même temps, au moyen de la baguette.

16° Nulle appréhension de la chute des amorces dans l'attaque ou la défense à la baïonnette, et plus de facilité qu'ordinairement pour ces manœuvres.

17° Facilité de refroidir le canon par des injections d'eau ou par immersion entière, sans pour cela empêcher l'arme mouillée intérieurement et extérieurement d'être chargée, de partir et porter bien.

18° Avantage inappréciable pour les tirailleurs ordinaires, de pouvoir être isolés à cause de la promptitude de leur charge, et pour les corps spéciaux de tirailleurs, de pouvoir être armés de fusils à deux coups par ce procédé, sans nul inconvénient.

19° Assurance pour la cavalerie de pouvoir toujours se servir de ses armes à feu, qu'elle chargera en marchant, sans temps d'arrêt.

20° Grande diminution des temps et mouvements du maniement de l'arme, qui se trouvent réduits à trois principaux, chargement, armement et tir.

Nous allons rendre compte des objections faites sur l'ensemble de l'arme.

I. On dit : On ne doit pas regarder comme un avantage la faculté de produire beaucoup de coups à la minute, parce que cela donne au soldat la facilité d'épuiser trop promptement ses cartouches, de précipiter son tir et de mal ajuster.

Nous répondons, et cela avec beaucoup de gens de notre avis :

1° Que la facilité de fournir, dans un temps donné, beaucoup plus de coups que par tout autre procédé, n'implique pas la nécessité, l'obligation de faire, mais bien la latitude d'agir selon l'opportunité, le pouvoir de moins par le pouvoir de plus ;

2° Que rien ne force le soldat à précipiter ses coups inutilement, que la faculté de le faire n'est pour lui qu'une assurance d'avoir toujours son arme prête et une confiance qui doit avoir la plus heureuse influence sur son moral; que d'ailleurs se trouvant exercé et commandé par des chefs qui sauront apprécier la nouvelle arme, il en recevra toujours la direction qui conviendra à l'occurrence ;

3° Que de ne pas tirer juste ou ne pas prendre le temps de le faire ne peut être imputé à l'arme; au contraire, puisqu'elle procure toujours le temps de le faire avec sang-froid, avec calme, c'est donc une véritable qualité et non un vice; il en suit même la conséquence qu'au moyen de la suppression de la moitié des temps minutieux et longs de la charge, toute l'attention des instructeurs devant être portée sur l'exercice de la cible, qui remplacera le temps précieux passé à l'exercice de l'ancien fusil, les soldats devront savoir mieux ajuster et mieux tirer, puisqu'ils auront eu plus de temps pour l'apprendre et qu'ils auront plus de temps pour le pratiquer à la guerre. Avec la connaissance de son arme, le soldat ne pourra donc non plus ignorer dans quelle circonstance il doit accélérer ou ralentir son feu, toutefois quand il en sera l'arbitre.

II. On a encore dit dans plusieurs expériences : que le bon fonctionnement de l'arme entre nos mains ou de gens expérimentés, ne pouvait être une preuve qu'il en serait de même entre les mains de la troupe, ainsi que cela avait eu lieu dans des expériences d'autres inventeurs.

Il nous est bien facile de donner les raisons pourquoi cette assertion n'est pas fondée.

Pour qu'il y ait similitude de fait, il faut qu'il y ait au moins quelque similitude de cause; et rien dans notre système n'a de rapport avec les autres auxquels on fait allusion.

En effet notre arme ne présente aucun mécanisme, aucune complication, aucune action manuelle pour amorcer,
aucuns soins ni précautions pour la charge, l'armement et
le tir qui sont les trois seuls mouvements de l'exercice de
l'arme : donc le premier venu qui aura seulement déjà tiré
un fusil quelconque pourra, tout aussi bien que l'inventeur
ou le plus exercé fantassin, tirer le même parti du nouveau
procédé. C'est positivement dans la facilité de son service et
dans sa grande simplicité que réside toute la supériorité de
l'arme à laquelle il ne semble pas qu'on puisse faire d'objections plus sérieuses que celles qui précèdent.

POUR LES CARTOUCHES HÉLICES.

1°. La cartouche et l'amorce ne font qu'un ; et la com-
binaison qui préside à leur structure et à leur jonction
offre non seulement solidité et sécurité, mais une inflammation certaine et une inaltérabilité convenable.

2° Elles peuvent être employées de nouveau après être
sorties du canon avec le tire-bourre.

3° Quelque temps qu'il fasse, quelque émotion qu'éprouve
le soldat en face de son ennemi, la charge de son arme n'en
souffrira point, elle sera toujours égale, ainsi que la force
imprimée à la projection de la balle.

4° La cartouche entrant par la bouche du canon, chargé
par la baguette, garnie d'une enveloppe solide, nulle possi-
bilité à l'existence de l'inflammation produite souvent à la
poudre mise à découvert dans le canon par le déchirement
de la cartouche.

5° L'amorce et la cartouche sont à l'abri de toute injure
et de toute influence atmosphériques, elles peuvent même
tomber dans l'eau sans en ressentir les effets.

6° Présentant diminution de poids et de dimension, le soldat peut placer dans sa giberne avec quelques changements la totalité de son approvisionnement (60 cartouches).

7° Moindre poids, moindre dimension, donc moindres frais de transport et d'emballage.

8° Toute cartouche donnée à la troupe ou transportée à la suite et qui n'aura pas été tirée, rentrera dans les arsenaux, en pourra ressortir plus tard et être remise à la troupe sans nécessiter de réparations.

9° La confection de cette cartouche pour être solide et remplir toutes les conditions énumérées demande quelques soins ; mais elle n'offre aucune difficulté, permettant à l'arme qui lui est propre de fournir trois fois plus de coups certains et bien portants que toute autre arme qui n'en fournit généralement que de très incertains dans le départ et la portée.

Nous allons présenter également les objections qu'on pourra faire sur cette cartouche.

A sa première vue on dit qu'elle est plus compliquée et paraît plus difficile à faire que l'ancienne.

Mais nous ferons observer que notre principal point de mire ayant été d'arriver, non seulement à la conservation de la cartouche dans les arsenaux, dans les transports et dans les mains du soldat ; mais encore, à son inaltérabilité même, après sa sortie de l'arme par le tire-bourre, il a bien fallu changer l'ancienne structure qui ne pouvait remplir ce but, qui d'ailleurs, dans toute hypothèse, était vicieuse et de nature avariable tant dans les magasins que dans le service des troupes qui en recevaient rarement de vieilles en bon état. De là est née la nécessité de donner de la solidité, du fini à la nouvelle cartouche, par conséquent plus de soins et de détails dans sa confection ; l'arme qui , à nos yeux, doit en être toujours exempte par la dépense et l'incommodité qui en résultent et qui ne peuvent convenir aux armes de guerre ; attendu qu'une complication d'armes réagit toujours sur leur maniement, leur entretien et leurs réparations, ainsi que sur les facultés physiques et morales du soldat : toutes conditions qu'il fallait avant tout éviter, et notamment la première et la dernière relatives au soldat qui , en face de l'ennemi, souvent par lui pressé, par le mauvais temps contrarié, a bien assez à faire bonne contenance, à ne pas le perdre de vue, sans avoir à s'occuper de déchirer la cartouche , d'en introduire la poudre dans le canon , de rouages ou mécanisme quelconque, etc. , etc., toutes ces actions demandant une seconde vue au soldat qui n'en a qu'une employée continuellement sur l'ennemi , surtout quand il est en tirailleur.

Tandis que rendant solide et bien conditionnée la cartouche, reportant sur elle une simple confection pour en éviter de grandes à l'arme, il n'y avait que d'immenses avantages à en recueillir, puisque de tous les soins énumérés ci-dessus le soldat se trouvait affranchi et pouvait se passer d'une seconde vue, son arme n'en exigeant que pour ajuster un point qu'il avait pu toujours fixer.

Au surplus ce n'est point sur le champ de bataille, dans la mêlée ou au milieu des tirailleurs qu'on fabrique les cartouches, c'est généralement dans les arsenaux et à loisir qu'on s'en occupe ou bien à la suite de l'armée, et comme l'économie notable de poudre que procure la nouvelle remplace l'excédant de dépense que nécessite sa confection, il s'ensuit que l'objection la plus sérieuse, celle du prix de revient, n'est pas fondée et tombe d'elle-même.

Mais ce n'est pas tout que le prix de revient soit le même ou moindre ; c'est l'économie en tout point qui résultera de la conservation inhérente à la structure de cette cartouche.

Ainsi donc il y a avantage, d'abord pour les gouvernements d'avoir à l'avance et faites en temps de paix telle quantité de cartouches qu'ils désireront, de pouvoir les transporter d'un magasin à un autre, des arsenaux à l'armée et de l'armée aux arsenaux à moins de frais, puisqu'elles pèsent moins ; en second lieu avantage pour les soldats d'avoir une arme simple et facile à manier, ainsi qu'une cartouche solide et inaltérable, ne demandant l'une et l'autre de sa part ni soins ni précautions, ni d'autre savoir que celui de charger, armer et ajuster.

Aux observations faites sur l'arme et sur la cartouche nous pensons avoir répondu d'une manière exacte et satisfaisante. Nous prenons l'engagement de continuer à en user ainsi toutes les fois qu'il plaira de nous en adresser ; nous en serons satisfait au lieu de nous en plaindre, car nous y trouverons, sans doute, de nouveaux moyens de faire ressortir des avantages que nous avons négligé de formuler|, croyant que la simple vue des objets et de leur perfectionnement en dirait plus que nous n'eussions pu faire.

Nous osons donc croire être arrivé au point de ne laisser d'indécision dans l'esprit d'aucun gouvernement pour la suppression de l'arme à silex ; nous désirons qu'il en soit de même sur la fixation de leur choix pour opérer la substitution d'une nouvelle arme aux anciennes. Heureux si les avantages précités peuvent les déterminer en faveur des travaux et des immenses recherches que nous avons faits pour y parvenir.

Nous le répétons, on fera adapter notre procédé à toutes les anciennes armes en fabrique, moyennant une somme de trois à quatre francs.

La cartouche coûtera communément de quatre à cinq centimes chaque.

1° Le premier système de fusil. La cartouche porte son amorce. 2° Le second système de fusil aussi à percussion à cheminée. Les culasses des canons sont disposées à recevoir une partie de la cartouche. Dans le second, la cartouche ne porte point d'amorce au bout. On peut la mettre à volonté, la placer auprès de la balle, ou amorcer d'une autre manière, ces cartouches se mettant dans le canon entières, sans être déchirées. Dans celui à cheminée, vous amorcez après avoir chargé. Dans le premier système vous mettez la cartouche dans le canon et vous tirez, la nuit comme le jour, sans amorcer.

Nul accident à craindre, et certitude de ne pas être blessé par les parcelles des amorces ; les deux espèces de cartouches ne sont point collées, et ne craignent pas d'être altérées par l'influence de l'air, étant imperméables, tandis que dans les fusils à percussion ordinaires, où il faut déchirer la cartouche, si le temps est humide, l'intérieur du canon est mouillé, le fusil rate, ou s'il part, la poudre étant humide, le projectile n'ira pas à la distance voulue.

Le gouvernement français a adopté 9 grammes de poudre pour la charge de chaque cartouche pour les armes de guerre à percussion. Cette charge, assez considérable, est pour obvier à la quantité de poudre que le soldat perd en déchirant sa cartouche.

1° Perte de poudre en déchirant la cartouche ;

2° Perte de poudre en la vidant dans le canon ;

3° Perte de poudre qui ne brûle pas, se trouvant entre les doigts, serrée entre la balle et le papier, et qui est chassée hors du canon sans brûler par celle qui s'enflamme au fond du canon. Cette perte est plus souvent répétée par la charge précipitée, d'après le rapport fait par des officiers principaux d'infanterie distingués et expérimentés. Sur un champ de bataille où on aura tiré 100,000 balles, il y en aura 50,000 qui auront porté à distance, et 50,000 balles perdues qui tombent mortes à trente, quarante et cinquante pas, à cause de la perte de la poudre par le déchirement de la cartouche. J'aime à croire que M. le ministre de la guerre et MM. les officiers d'artillerie et d'infanterie expérimentés, s'empresseront d'apprécier la simplicité des fusils et des cartouches de l'invention Mahiet, dit le Simple. Les cartouches Mahiet n'étant pas déchirées, par conséquent sans perte de poudre, certitude que la balle portera toujours à la même distance; qu'il fasse du vent, qu'il pleuve, les cartouches Mahiet partiront toujours ; même quand vous aurez passé une rivière, votre fusil, tombant à l'eau, partira sans rater. Après avoir tiré nombre de coups par une charge précipitée, versez de l'eau dans le canon pour le refroidir, et sans l'essuyer vous continuez le feu sans rater, tandis que dans les fusils qui nécessitent le déchirement de la cartouche, si le temps un peu humide mouille les parois du canon, en vidant la poudre elle s'attache au canon, cela fait des fusées et les balles tombent à trente pas ; reconnu par expérience.

Chaque militaire pourra faire ces cartouches en campagne. Expérience faite, mes cartouches du poids de 6 à 7 grammes de poudre porteront toujours à la même distance : grande économie de poudre. Je laisse à ces messieurs à accepter ce poids s'ils le jugent convenable ; 2 à 3 grammes de poudre d'économie par cartouche, et portant tout aussi loin que les fusils à percussion, où il faut déchirer la cartouche, ayant 9 grammes de poudre ; je ferais également mes cartouches de 9 grammes. Je laisse l'expérience aux personnes expérimentées qui décideront.

1° Premier système de fusil. La cartouche porte son amorce.

2° Le second système de fusil est à cheminée, il faut amorcer.

Les personnes faisant des cartouches de mon invention sans être collées ou collées avec papier imperméable ou non imperméable, et qui seront attachées d'un bout à l'autre jusqu'à la bourre qui se trouve du même corps que la cartouche, avec du fil ou ficelle de quelque nature que ce soit, se trouveront contrefacteurs, et seront poursuivies selon la rigueur des lois. On sera contrefacteur du premier fusil et du second par disposition de plusieurs formes de l'intérieur de la culasse, quoiqu'il ait cheminée, qu'on adopte telle ou telle manière d'amorcer, ou tel ou tel amorçoir; on ne pourra se servir de mes cartouches et de mes fusils que par un acte fait en bonne forme.

Examinons avec attention la solidité, et de quelle manière sont faits les paquets de cartouches de l'invention Mahiet, pour empêcher de détériorer les cartouches dans les fourgons, par les transports d'une campagne à l'autre.

Les cartouches, ne se touchant pas, ne craignent donc aucun frottement. Sécurité certaine de la conservation des cartouches, et dans l'état d'inaltérabilité. Après avoir subi des voyages très longs, d'un transport à l'autre, vos cartouches à hélices sont intactes comme si elles venaient d'être faites du jour même.

Paris, le 6 avril 1840.

Par Charles MAHIET,
Breveté par ordonnance du roi.

DÉTAIL DU PRIX D'UN MILLIER DE CARTOUCHES A HÉLICES, RENDUES DANS L'ÉTAT D'INALTÉRABILITÉ.

	fr.	c.
Pour 1,000 tubes.	9	»
— 1,000 balles.	15	»
— poudre.	11	50
— ligatures préservatrices. . .	2	50
— papier d'enveloppe partielle.	3	»
— fabrication manuelle. . .	9	»
Total.	50	»

Cartouches à tubes reviennent à 5 centimes pièce.

Cartouches sans tubes reviennent à 4 centimes pièce.

NOTA. L'inventeur prévient qu'il y a dans la confection de son arme et de sa cartouche des particularités dont il ne donnera connaissance qu'aux personnes qui traiteront avec lui, et que dans le cas où des contrefacteurs se présenteraient, ils seront faciles à reconnaître, s'ils ne sont pas porteurs d'un acte notarié en bonne forme qui les établisse véritables cessionnaires du sieur Mahiet.

P. S. Nous recevons à l'instant plusieurs espèces de cartouches employées à divers systèmes d'armes nouvelles. Leur inspection nous démontre que nos cartouches!, auxquelles on reprochait de la complication, en ont beaucoup moins que celles-là, et que nous pouvons maintenant assurer que nous tenons le point intermédiaire entre les anciennes et les nouvelles ; c'est-à-dire que notre cartouche est à l'ancienne ce que le nouveau genre général est à elle, avec cette différence toutefois qu'il n'y en a pas une qui présente de parité avec aucun des caractères génériques de la cartouche du fusil Mahiet.

PERFECTIONNEMENT

DES TUBES ROBERT,

Par M. C. MAHIET.

—

Si les fusils Robert éprouvent tant de ratés ; c'est par l'incertitude de la charge entière des tubes, étant fermés des deux bouts. Le sieur Mahiet publie son perfectionnement afin que les personnes qui se servent des tubes Robert puissent en profiter. Il est aussi simple qu'il est utile ; le voici : Vous pesez vos tubes vides, et étant égaux de poids, vous les pesez après être chargés. Vous prenez tous ceux qui sont du poids, certitude de ne jamais éprouver de ratés, les tubes étant fermés des deux bouts, la poudre ne peut prendre l'air, par conséquent ne peut perdre de sa force.

Le même auteur, par un procédé chimique, a trouvé le moyen de désinfecter les huiles de lin et de caoutchouc en 48 heures, les rendre sans odeur. Elles conservent leur siccatif ; elles sont propres à faire les peintures sans odeur, les tentes pour les camps, et autres objets imperméables. Ces huiles sont employées en grande quantité pour faire les tentes pour les camps d'Algérie. Elles répandent une odeur qui infecte. Avec le procédé Mahiet, l'entrepreneur pourra obvier à cela, et les faire sans odeur.

MAHIET de Chinon (Indre-et-Loire), Inventeur,

Inspecteur-général de la Jeune France, Comp. d'assurance mutuelle,
Rue Notre-Dame-de-Lorette, 37. Paris.

AVIS ESSENTIEL.

Avant de clore sa Brochure, l'Inventeur a trouvé le moyen de faire amorcer SEUL son second système de fusil à capsule.

www.ingramcontent.com/pod-product-compliance
Lightning Source LLC
LaVergne TN
LVHW051341200726
843510LV00002B/743